Pull Ahead READERS

Ojibwemowin

Ezhiwebak Aniibiishan Dagwaagig

Katie Peters

Gaa-anishinaabewisidood
Chato Ombishkebines Gonzalez

Miin

Lerner Publications ◆ Gakaabikaang

Anishinaabewisijigaade: ezhi-dibendaagwak © 2025 by Lerner Publishing Group, Inc.
Trees in Fall izhi-wiinde
Ozhibii'igan: ezhi-dibendaagwak 2024 by Lerner Publishing Group, Inc.
Ogii-anishinaabewisidoon a'aw Chato Ombishkebines Gonzalez

Dibendaagwad ge-inaabadak yo'ow mazina'igan. Akawe da-bagidinige Lerner Publishing Group, Inc. ozhibii'iganing giishpin awiya wii-aanjitood, naabibii'ang, aazhawewesidood, biinish mazinaakizang. Gidaa-inootaan yo'ow mazina'igan giishpin wiindamaageng wenzikaamagak.

Odibendaan Lerner Publications, Lerner Publishing Group, Inc.
241 First Avenue North
Gakaabikaang 55401 USA

Nanda-mikan nawaj mazina'iganan imaa www.lernerbooks.com.

Memphis Pro izhinikaade yo'ow dinowa ezhibii'igaadeg.
Linotype ogii-michi-giizhitoon yo'ow dinowa ezhibii'igaadeg.

Nimbagidinigonaanig da-aabajitooyaang onow mazinaakizonan omaa mazina'iganing ingiw: © grayindigo/iStockphoto, p. 3; © DenisTangneyJr/iStockphoto, pp. 4–5; © SerrNovik/iStockphoto, pp. 6–7, 16 (yellow); © Wavetop/iStockphoto, pp. 8–9, 16 (orange); © _maeterlinck_/iStockphoto, pp. 10–11, 16 (red); © rusm/iStockphoto, pp. 12–13; © FatCamera/iStockphoto, pp. 14–15.

Badagwaniigin: © Karen Grigoryan/Shutterstock Images

Library of Congress Cataloging-in-Publication Data

The Cataloging-in-Publication Data for the English version of *Trees in Fall* is on file at the Library of Congress

ISBN 978-1-7284-9131-8 (lib. bdg.)
ISBN 978-1-7284-9807-2 (epub)

Nanda-mikan yo'ow mazina'igan imaa https://lccn.loc.gov/2022033295
Nanda-mikan yo'ow waasamoo-mazina'igan imaa https://lccn.loc.gov/2022033296

Gii-ozhichigaade Gichi-mookomaan-akiing
1-1010581-53588-3/21/2024

Ezhisijigaadeg yo'ow Mazina'igan

Ezhiwebak Aniibiishan
    Dagwaagig.................4

Gigii-waabandaanan ina? ...16

Ikidowinan...................16

Ezhiwebak Aniibiishan Dagwaagig

Waatebagaa dagwaagig.

Aanind ani-ozaawibagaa
dagwaagig.

Aanind ani-binaakwii
ani-dagwaagig.

Aanind ani-miskobagaa dagwaagig.

Bengobagaa ani-dagwaagig.

Niminwendaan ezhinaagwak
agwajiing dagwaagig!

Gibinaakwe'aanan ina iniw aniibiishan dagwaagig?

Gigii-waabandaanan ina?

miskobagaa

ozaawibagaa

waatebagaa

Ikidowinan

bengobagaa, 13

binaakwii, 9

minwendan, 15

miskobagaa, 11

ozaawibagaa, 7

waatebagaa, 5